AF554761

MÉMOIRE

PRÉSENTÉ AU PRINCE

LOUIS-NAPOLÉON BONAPARTE.

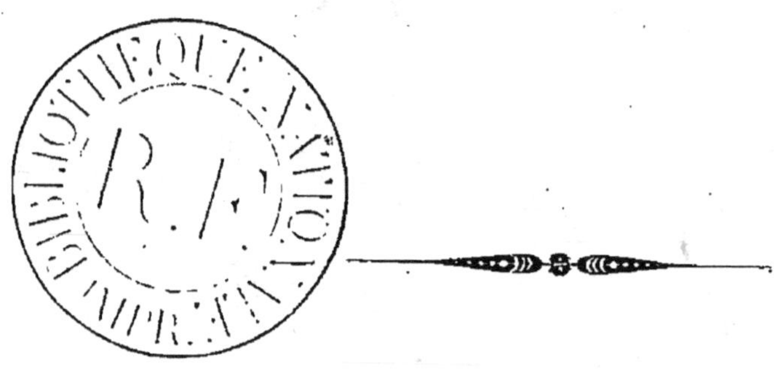
BIBLIOTHÈQUE NATIONALE R.F. IMPRIMÉS

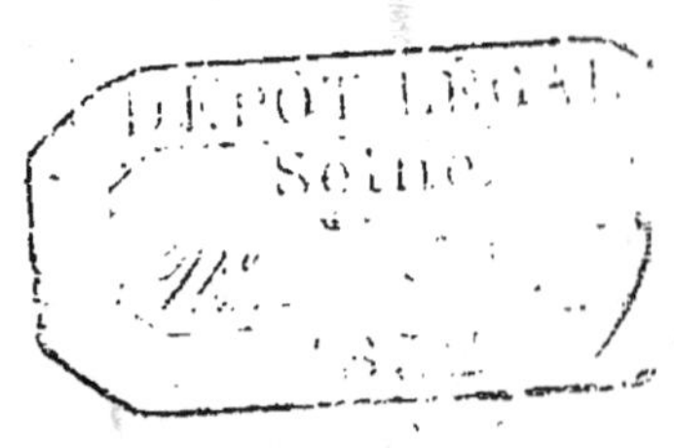
DÉPÔT LÉGAL Seine

PARIS,

TYPOGRAPHIE DE FIRMIN DIDOT FRÈRES,

RUE JACOB, 56.

1852.

Paris. — Typographie de Firmin Didot frères, rue Jacob, 56.

MÉMOIRE

PRÉSENTÉ AU PRINCE

LOUIS-NAPOLÉON BONAPARTE.

BIBLIOTHÈQUE IMPÉRIALE R.F.

« Melius est illum vocari regem, apud « quem summa potestatis consistit (1). »

Il vaut mieux pour la nation que celui qui exerce l'empire en prenne le titre.

C'est ainsi que onze siècles en deçà, presque jour pour jour, le pape Zacharie tranchait souverainement la question que se pose aujourd'hui la France.

Au huitième comme au dix-neuvième siè-

(1) *Script. franc.*, t. V, *cod. arman.*

cle, tout se bornait à un interrègne qu'il fallait combler.

Une dynastie finissait, une autre allait surgir. Entre deux, la place appartenait à ce que les uns nomment le hasard, les autres la révolution, et qui est en définitive la part que se réserve la Providence dans nos affaires, pour châtier les peuples ou les rois.

A la vérité il restait alors un pouvoir.

Mais, au grand détriment du peuple, ce pouvoir n'avait pas de nom précis ni de caractère bien déterminé; ou plutôt une notable discordance s'était faite entre le nom qu'il portait et l'étendue qu'il avait acquise. Cette discordance est toujours fatale.

Quand à la tête d'une nation se trouve un titre privé de pouvoir, ou un pouvoir privé de son vrai titre, malheur à cette nation : elle est abandonnée aux troubles et aux déchirements.

Ce fut ainsi de 740 à 752.

Autour de ce haut dignitaire que les historiens nomment le maire du palais, et qui ne ressemblait pas mal à un président de république aristocratique, les compétiteurs se levaient de tous côtés.

Naturellement les factions s'efforcent toujours de mettre la main sur le pouvoir, quand il n'est point placé à une hauteur inaccessible. C'est folie de leur laisser cette tentation.

Aussi, dès que le maire du palais fut élevé au trône par la sanction du pape et l'élection de tous les Français (1), suivant le récit des chroniqueurs, le calme se fit comme par enchantement.

L'esprit de révolte et de compétition qu'entretenait l'incertitude s'éteignit de lui-même, et l'ordre succéda au chaos.

(1) Electionem omnium Franchorum, *Script. franc.*, t. V, p. 9.

avec des équilibres de logique sur la pointe d'un article de constitution, que ce résultat peut être atteint?

Dieu veuille que l'on comprenne combien il presse de sevrer l'opinion publique de tout ce qui peut nourrir ses habitudes d'irrésolution et d'inconséquence;

Combien il est utile de faire disparaître au plus vite ce qui reste de ces vagues nuées qui produisent à l'horizon des mirages trompeurs.

Peut-être on dira que c'est seulement un nom à changer.

Mais l'influence heureuse ou fatale d'un nom, qui donc est assez ignorant des choses de ce monde pour ne la point voir?

L'homme s'agite, et Dieu le mène; des attaches par lesquelles il le tient, le nom est la plus forte.

Il en est des institutions humaines comme

de l'homme. Elles ne marchent point toutes seules.

Tel nom est pour elles une promesse d'avenir et de succès; tel autre est une malédiction, un mauvais sort qu'elles ne sauraient conjurer.

Tel nom est un gage de calme et de prospérité; tel autre est un brandon de discorde.

En France surtout, il y a des mots qui portent malheur.

S'il nous était permis d'indiquer ici les détails, nous montrerions les fruits mauvais enfermés dans le nom collectif de notre gouvernement, tout prêts à se développer.

Nous ferions voir l'impossibilité de maintenir l'accord parfait et l'unité du pouvoir sous l'influence de ce baptême équivoque.

Nous découvririons quelque part les œufs que la chenille de l'opposition a soigneusement cachés en un coin de la toge républicaine, et qui ne manqueraient pas d'éclore à leur jour.

Quelques-uns, si nous ne nous trompons, sont éclos déjà.

Mais ces dangers ne sont point restés inaperçus ; l'esprit si ferme et si juste du chef de l'État nous en est un sûr garant.

Un pouvoir qui s'appelle de son nom, qui est fier de sa force, et qui vit de sa gloire, peut seul graver son empreinte sur l'imagination des peuples et les tourner à son culte.

La France est restée napoléonienne à travers les gouvernements faibles qui passent depuis quarante ans.

Quoi qu'en aient dit les gens à courte vue, ce ne sont point les peuples qui ont manqué aux princes, ce sont les princes qui ont manqué aux peuples.

Un des plus rudes jugeurs de ces temps derniers, le vicomte de Bonald, écrivait :

« Il est moins difficile de gouverner les hom-
« mes qu'on ne pense. Il suffit d'avoir une
« volonté positive appliquée à un but cer-
« tain. »

La politique est en effet moins compliquée qu'il ne semble ; et, quand on se drapait fièrement dans les plis d'un manteau de rhéteur pour proclamer le droit exclusif du *génie* au gouvernement des hommes, on se moquait de soi et de la France.

Les poses solennelles et étudiées ne sont pas précisément le fonds du pouvoir, et il ne suffit point d'être pédant et rogue pour être un grand homme d'État.

Si l'on veut la formule la plus exacte des conditions et des qualités requises pour un tel rôle, on la trouvera dans ce mot de César : « Je suis venu, j'ai vu, j'ai vaincu. »

Il s'agit de venir à point, de voir juste, et de vaincre résolûment sa bataille.

Le gouvernement des nations ressemble pour beaucoup à la direction des armées. Ce qui fait les généraux habiles et victorieux, fait aussi les princes heureux et avisés.

C'est la même intelligence prompte et décidée, et ce qu'on appelle le coup d'œil y joue le plus grand rôle.

A chaque époque, à chaque moment, répond un but particulier, précis, nettement déterminé, dominant tout le reste, et qu'il faut gagner de vitesse ou de force, sous peine d'être honteusement distancé.

Si le pouvoir aujourd'hui ne se met carrément à sa place, s'il ne prend d'une manière complète et définitive la tête de la société, dans peu il se verra de nouveau mis à la suite.

La France, comme une femme pleine de force, de vive jeunesse et de tumultueuses aspirations, a besoin d'avoir un maître, de sentir la main qui la gouverne et la plie;

Ce que nous voyons en ce moment n'est qu'une trêve apparente. Le fond des choses, c'est le combat incessant que mène la société moderne contre l'autorité.

Cette lutte, dont peu de gens pénètrent le mystère, ne saurait être mieux figurée que par celle que l'ancien patriarche Jacob soutint contre Dieu sous la figure d'un ange, dans les champs de Mahanaïm.

La société ne se peut passer du pouvoir, et elle ne se peut retenir de l'attaquer.

Qu'on ne s'y méprenne point, cette lutte est sa vie, la source même de son énergie, le développement de ses forces ; mais à une condition : c'est que le pouvoir ne se laisse jamais vaincre, qu'il élève sa résistance au-dessus de l'attaque, qu'il maintienne sauf le sentiment de sa supériorité.

Jacob aussi voyait ses forces croître dans la lutte, et ne voulait point céder. Il fallut que Dieu le touchât à la cuisse, et lui laissât l'empreinte ineffaçable de sa main divine.

Alors, le fier lutteur s'avoua vaincu ; mais en homme bien inspiré, il exigea que son antagoniste le bénît.

De même, il faut que la société apprenne qu'il y a quelque chose en dehors d'elle, au-dessus d'elle, qui ne vient point d'elle, et sans quoi elle ne saurait vivre.

De la collection de nos faiblesses il ne peut sortir une force.

Cette force vient d'en haut. C'est l'esprit de Dieu qui souffle sur qui il lui plaît.

Quand on croit donner le pouvoir, on ne s'aperçoit pas qu'on l'offre à qui déjà le possède.

Ceci répond suffisamment aux prétentions des partis qui tous réclament leurs droits à gouverner.

« Nous avons pour nous, disent les uns,
« la tradition et les principes.

« Nous avons pour nous, disent les au-
« tres, l'exploitation exclusive de la liberté;
« nous sommes les inventeurs du libéralisme
« en tous genres. »

Gardez votre fidélité et vos vertus, dirons-nous aux premiers, la France en a grand besoin.

Défendez la liberté, dirons-nous aux seconds; défendez-la surtout contre le tort immense que lui ont fait des amis maladroits ou perfides.

Mais à tous : Laissez s'achever l'œuvre de la Providence.

Si elle ne vous a point choisis pour ses instruments, ce n'est pas notre faute.

Vous avez la présomption d'entreprendre de grandes choses, et vous n'auriez même pas la force d'essayer les plus petites.

Que voulez-vous? Dieu appelle à son gré l'étoile du destin, et il marque ses élus d'un signe qu'il se réserve toujours le droit d'abolir.

Demandez-lui pourquoi il fit un jour lever du trône de France le dernier des rois fainéants pour y faire asseoir le père de Charlemagne?

C'est son secret.

XAVIER DE QUIRIELLE.